Say《セイ》 “No《ノー》!”

“やめて!”といおう

——悪《わる》い人《ひと》から自分《じぶん》をまもる本《ほん》——

監修：安藤由紀

岩崎書店

もくじ

1

まわりには危険《きけん》がいっぱい

「わたしはだいじょうぶ」って
思《おも》ってないかな？
あなたの危険度《きけんど》をしらべてみよう

チェック 1

どれが安全《あんぜん》、どれが危険《きけん》？

危険《きけん》はあなたのすぐそばにあります。
つぎの5つの質問《しつもん》、あなたならどの答《こた》えをえらびますか？
1〜3のなかからえらんでください。

質問《しつもん》1

歩《ある》いている人《ひと》から
「道《みち》をおしえてくれる？」
と聞《き》かれたら？

1. 行《い》き先《さき》が近《ちか》くならそこまでつれていってあげる。
2. 聞《き》こえないふりをして通《とお》りすぎる。
3. 近所《きんじょ》のお店《みせ》や、近《ちか》くにいる大人《おとな》の人《ひと》に聞《き》いてもらう。

質問《しつもん》2

「アンケートに答《こた》えてくれたら、キャラクターグッズをあげる」
といわれたら？

1. すきなキャラクターグッズだったら答《こた》えてあげる。
2. 走《はし》って逃《に》げる。
3. ようじがあるといって、その場《ば》からすばやくはなれる。

質問《しつもん》3

「○○くんだよね。お母《かあ》さんが交通事故《こうつうじこ》で入院《にゅういん》したから病院《びょういん》までつれていってあげる」
と知《し》らない人《ひと》だけど、
ちゃんと名前《なまえ》をよばれたら？

1. すぐにつれていってもらう。
2. 知《し》らない人《ひと》だから無視《むし》する。
3. はやく家《いえ》に帰《かえ》って、ほかの家族《かぞく》とれんらくをとる。

質問《しつもん》4

ひとりで留守番《るすばん》をしているとき
「宅配便《たくはいびん》です」または
「郵便《ゆうびん》です」
といわれたら？

1. ドアをあけて、荷物《にもつ》があれば、なかまで運《はこ》んでもらう。
2. いないふりをして、でない。
3. チェーンをかけたままサインをして、荷物《にもつ》はドアの外《そと》においていってもらう。

質問《しつもん》5

知《し》らない人《ひと》から
「手紙《てがみ》を送《おく》るので、住所《じゅうしょ》をおしえて」
という電話《でんわ》がかかってきたら？

1. おしえてあげる。
2. 「おしえられない」と電話《でんわ》をきる。
3. お母《かあ》さんか、お父《とう》さんから、電話《でんわ》をするといって、相手《あいて》の名前《なまえ》をきく。

チェックの結果《けっか》

1 が多《おお》かったあなた

とてもやさしくて素直《すなお》な人《ひと》です。でも、悪《わる》い人《ひと》にいちばんねらわれやすいので気《き》をつけて。知《し》らない人《ひと》には用心《ようじん》しなくてはいけません。危険《きけん》は自分《じぶん》のすぐそばにあるので、もっと注《ちゅう》意《い》して自分《じぶん》をまもる方法《ほうほう》を身《み》につけましょう。

2 が多《おお》かったあなた

知《し》らない人《ひと》とは口《くち》をきかないというあなたは、誘拐《ゆうかい》やイタズラにあう心配《しんぱい》も少《すく》ないと思《おも》います。でも、コミュニケーションは必要《ひつよう》です。知《し》らない人《ひと》に対《たい》して必要《ひつよう》以上《いじょう》にこわがらずに、自分《じぶん》をまもる方法《ほうほう》を身《み》につけましょう。

3 が多《おお》かったあなた

危険《きけん》に対《たい》して、自分《じぶん》の身《み》をまもる行動《こうどう》をとれる人《ひと》です。でも、思《おも》っている通《とお》りに行動《こうどう》するのは、むずかしいものです。また、あなたのまわりにある危険《きけん》はこれだけではないので、どんなときもあわてないで、おちついて行動《こうどう》できるようにしましょう。

チェック 2

どんな人《ひと》なら信用《しんよう》できる？

声《こえ》をかけてくる人《ひと》もさまざまです。下《した》のどの人《ひと》だったら答《こた》えてあげてもよさそうですか？
あなたの目《め》で信用《しんよう》できそうな人《ひと》をえらんでください。だいじょうぶだと思《おも》える人《ひと》は何人《なんにん》いますか？

①

②

③

④

⑤

⑥

⑦

⑧

⑨

⑩

⑪

⑫

チェックの結果《けっか》

あなたがこわくないと思《おも》った人《ひと》は何人《なんにん》いましたか。少《すこ》しいじわるだけど、この質問《しつもん》では、**〈ゼロ〉**または**〈えらべない〉**と答《こた》えた人《ひと》が安全感覚《あんぜんかんかく》の高《たか》い人《ひと》といえます。
人《ひと》を外見《がいけん》で判断《はんだん》するのはとても危険《きけん》なことです。
やさしい顔《かお》をしていても、悪《わる》い心《こころ》をもった人《ひと》かもしれません。
女《おんな》の人《ひと》だからとか、身《み》なりがきちんとしているからといった理由《りゆう》で、安全《あんぜん》か危険《きけん》かを決《き》めてはいけません。
悪《わる》い人《ひと》は、あなたにうたがわれないようにしながら近《ちか》づいてきます。**「やさしそう」「まじめそう」「きれいなふくそう」「女《おんな》の人《ひと》」「まだ子《こ》どもみたい」**……そんな見《み》かけで人《ひと》を判断《はんだん》してはいけないということをしっかりおぼえていてください。

それでも

「ほんとうにこまっている人《ひと》がいたら親切《しんせつ》にしてあげたい」
「悪《わる》い人《ひと》より良《よ》い人《ひと》のほうがずっと多《おお》いはずだよ」と感《かん》じたあなた。
それはまちがいではありません。そのやさしい心《こころ》はもちつづけてください。そして、この本《ほん》を読《よ》んで、どうしたら安全《あんぜん》に、親切《しんせつ》にできるかを、お父《とう》さん、お母《かあ》さんといっしょに考《かんが》えてみましょう。

2

近《ちか》づいてはいけない場所《ばしょ》と危険《きけん》な場所《ばしょ》

あなたのまわりにある、
あぶない場所《ばしょ》ってどんなところ？

ひと気《け》のない場所《ばしょ》

住宅《じゅうたく》からはなれた河原《かわら》や雑木林《ぞうきばやし》、神社《じんじゃ》やお寺《てら》の境内《けいだい》などは、人《ひと》の目《め》がとどかず、たすけを呼《よ》んでも人《ひと》がいないことがあります。友《とも》だちといっしょだからといって、安全《あんぜん》ではありません。子《こ》どもだけではぜったいに近《ちか》よってはいけません。
人《ひと》が近《ちか》よらない場所《ばしょ》や、木《き》が多《おお》くて暗《くら》い場所《ばしょ》は、悪《わる》い人《ひと》が身《み》をかくしやすいので注意《ちゅうい》！

ひと気《け》のない家《いえ》やお店《みせ》、工事中《こうじちゅう》の建物《たてもの》

古《ふる》くてだれも住《す》んでいない家《いえ》は、人《ひと》がいなくても入《はい》ってはいけない場所《ばしょ》です。近《ちか》よらないようにしましょう。また、空《あ》き室《しつ》の多《おお》いビルなど、人《ひと》の出入《でい》りが少《すく》ないところも近《ちか》よってはいけません。

工事現場《こうじげんば》など、立《た》ち入《い》り禁止《きんし》の場所《ばしょ》も、悪《わる》い人《ひと》のかくれやすい場《ば》所《しょ》になるので入《はい》ったり、近《ちか》よったりしてはいけません。

落《らく》書《が》きやゴミがちらかっている場所《ばしょ》

落《らく》書《が》きが多《おお》い場所《ばしょ》や、ゴミがちらかっている場所《ばしょ》は、それだけ人《ひと》が目《め》をむけないところです。悪《わる》い遊《あそ》びをする人《ひと》にとっては、すごしやすいところといえます。近《ちか》よるのはやめましょう。

人《ひと》の目《め》がとどかない駐車場《ちゅうしゃじょう》

大《おお》きなお店《みせ》の広《ひろ》い駐車場《ちゅうしゃじょう》、数台《すうだい》だけ車《くるま》をとめられる小《ちい》さな駐車場《ちゅうしゃじょう》。どちらも、ひとりでは近《ちか》よらないようにしましょう。警備員《けいびいん》や監《かん》視《し》カメラがあったとしても、車《くるま》のかげに悪《わる》い人《ひと》がかくれていることがあります。いやなことをされたり、むりやり車《くるま》にひきずりこまれたら大変《たいへん》です。

大《おお》きな町《まち》の繁華街《はんかがい》

人《ひと》が多《おお》いから安全《あんぜん》、というわけではありません。人《ひと》が多《おお》いと、かえって、他人《たにん》の行動《こうどう》に知《し》らんぷりということもあるのです。にぎやかな町《まち》なかで声《こえ》をかけられ、こわい目《め》にあった子《こ》がたくさんいます。昼間《ひるま》でも、子《こ》どもだけで知《し》らない町《まち》の繁華街《はんかがい》へでかけるのはやめましょう。

見《み》通《とお》しの悪《わる》い公《こう》園《えん》

大《おお》きな遊《ゆう》具《ぐ》や木《き》などがたくさんあると、まわりの人《ひと》の目《め》がさえぎられます。ひと目《め》につきやすい、明《あか》るい公《こう》園《えん》で遊《あそ》びましょう。ひとりだけになったら家《いえ》に帰《かえ》りましょう。

公《こう》園《えん》やお店《みせ》のトイレ

公園《こうえん》のトイレは、いろいろな人《ひと》が出《で》入《い》りしています。ひとりでは行《い》かないでください。悪《わる》い人《ひと》がかくれているかもしれません。デパートなどのお店《みせ》のトイレも家《か》族《ぞく》といっしょに利《り》用《よう》しましょう。

歩道《ほどう》と車道《しゃどう》が分《わ》かれていない道《みち》

人通《ひとどお》りの少《すく》ない道路《どうろ》も危険《きけん》がいっぱいです。とくに歩《ほ》道《どう》と車道《しゃどう》のくべつがない道《みち》は、車《くるま》のなかにひきずりこまれやすい道《みち》です。人《ひと》がのって、ようもなさそうにしている車《くるま》がとまっていたら、注意《ちゅうい》しましょう。

線路《せんろ》わきや高架下《こうかした》・地下道《ちかどう》

線路《せんろ》わきや高架下《こうかした》の道《みち》、地下道《ちかどう》などは大声《おおごえ》でさけんでも、騒音《そうおん》で声《こえ》が消《け》されて、まわりに聞《き》こえません。人通《ひとどお》りの少《すく》ないときは、知《し》っている人《ひと》がくるのをまつか、遠《とお》まわりでも、安全《あんぜん》な道《みち》をいくようにしましょう。

路上駐車《ろじょうちゅうしゃ》の多《おお》い道《みち》

路上駐車《ろじょうちゅうしゃ》が多《おお》い道《みち》は、車《くるま》のなかや車《くるま》のかげに人《ひと》がひそんでいる場合《ばあい》があります。道《みち》を歩《ある》いていて、きゅうに車《くるま》にひきずりこまれ、そのまま誘拐《ゆうかい》されたり、いやなことをされたりすることがあるので、気《き》をつけましょう。車《くるま》をつかった事件《じけん》が多《おお》いことをおぼえておいてください。

管理人《かんりにん》のいない駐輪場《ちゅうりんじょう》や駐輪《ちゅうりん》スペース

昼間《ひるま》は出入《でい》りが少《すく》なくなる駐輪場《ちゅうりんじょう》や、うら通《どお》りの駐輪《ちゅうりん》スペースにも、チカンがひそんでいたりします。駐輪場《ちゅうりんじょう》は、安全《あんぜん》な場《ば》所《しょ》を家族《かぞく》で確認《かくにん》し、いつもそこを利用《りよう》するのがよいでしょう。

マンションのエレベーター

密室《みっしつ》になりやすいので、知《し》らない人《ひと》と二人《ふたり》だけにならないように注意《ちゅうい》してください。もし、へんな人《ひと》だなと思《おも》う人《ひと》がのってきたら、自分《じぶん》がおりる階《かい》でなくても、すぐにおりましょう。エレベーターにのったら、非常《ひじょう》ボタンをおせる位置《いち》に立《た》ちましょう。

マンションやビルの階段《かいだん》や屋上《おくじょう》

悪《わる》いことをするためにつかわれやすい場所《ばしょ》で、変質者《へんしつしゃ》がかくれていたりします。知《し》らない人《ひと》がいたら引きかえしましょう。

夜《よる》の道《みち》

自分《じぶん》の家《いえ》のすぐそばや、昼間《ひるま》は安全《あんぜん》に思《おも》える場所《ばしょ》でも、夜《よる》は危険《きけん》な場所《ばしょ》になります。暗《くら》くなって人《ひと》の目《め》がとどきにくくなると、悪《わる》い人《ひと》はとても活動《かつどう》しやすいのです。暗《くら》くなってから、ひとりで外《そと》にでるのはやめましょう。

夜《よる》の塾《じゅく》の行《い》き帰《かえ》りについては38ページを読《よ》んでください。

安全《あんぜん》マップをつくろう

危険《きけん》な場所《ばしょ》をおぼえよう

「学校《がっこう》から帰《かえ》ったら家《いえ》にいて、外《そと》にでない。そうすれば危険《きけん》はないはず」

たしかにそうだけど、それではつまらない。外《そと》で元気《げんき》にとびまわるために、危険《きけん》な場所《ばしょ》を確認《かくにん》しながら、自分用《じぶんよう》の安全《あんぜん》マップをつくってみたらどうですか？

つぎのページの〈作《つく》り方《かた》〉を読《よ》んでからね。

子ども110番の家 が
あったらおぼえておこう

安全《あんぜん》マップの作《つく》り方《かた》

お母《かあ》さん、お父《とう》さんといっしょに、あなたがふだんよく行動《こうどう》するはんいの、かんたんな地図《ちず》をかきましょう。

そこに**「ここがあぶない！」**と思《おも》うところを書《か》きこんでいきます。

あぶない場所《ばしょ》をさがすということは、はんたいに、どこが安全《あんぜん》な場所《ばしょ》かを知《し》るということです。安全《あんぜん》にすごせる場所《ばしょ》や通《とお》り道《みち》をみつけて、楽《たの》しく遊《あそ》ぶようにしてください。できあがったら学校《がっこう》の先生《せんせい》や交番《こうばん》のおまわりさんに見《み》てもらってもいいですね。通《とお》らない道《みち》や行《い》かない場所《ばしょ》をふやすのではなく、どうしたら安全《あんぜん》に通《とお》れるのか、こわい思《おも》いをせずにすむのかを考《かんが》えながら、楽《たの》しくつくってください。

いままで知《し》らなかったことが発見《はっけん》できたり、危険《きけん》なことから身《み》をまもることができるようになりますよ。

3

こんなときどうする？

いろいろな危険《きけん》にそなえ、
自分《じぶん》のまもり方《かた》をおぼえておこう

「いいものをあげる」とか
「ここの場所《ばしょ》、おしえてくれる？」と
声《こえ》をかけられた。

知《し》らない人《ひと》から声《こえ》をかけられても、ぜったいについていかない！
「いりません」、「わかりません」と答《こた》えます。
道《みち》は、近所《きんじょ》のお店《みせ》や交番《こうばん》のあるほうを指《ゆび》さして、そこで聞《き》いてもらいましょう。

しつこいときは、**「いやです」**とはっきりいって、
その人《ひと》からはなれましょう。

車《くるま》にのった知《し》らない人《ひと》に道《みち》を聞《き》かれて
「わかりません」と答《こた》えたら、
「この地図《ちず》、いっしょに見《み》てくれる？」
といわれた。

悪《わる》い人《ひと》は、いろいろなことをいってさそってきます。車《くるま》のそばに近《ちか》よってはダメ！ **「ダメといわれているから」** とことわりましょう。手首《てくび》をつかまれて、そのまま車《くるま》にひきずりこまれ、いやなことをされたり、誘拐《ゆうかい》されたりするかもしれません。

「お母《かあ》さんが救急車《きゅうきゅうしゃ》で運《はこ》ばれたから、病院《びょういん》につれていってあげる」といわれた。

こんなことをいわれたら、すごく心配《しんぱい》ですよね？
でも、ちょっと待《ま》って！
すぐにおうちに帰《かえ》って、ほかの家族《かぞく》とれんらくをとりましょう。
もし、おうちにだれもいなかったら、学校《がっこう》の先生《せんせい》とれんらくをとって確認《かくにん》をとること。知《し》らない人《ひと》ならもちろん、どこかで見《み》たことある人《ひと》のような気《き》がしても、

ぜったいに、ついていっちゃダメ！

「写真《しゃしん》をとらせてくれたら、おこづかいをあげる」といわれた。

知《し》らない人《ひと》の「○○をあげるから、○○してくれる？」こんなさそいには、ぜったいにのってはいけません。
いうことを聞《き》く子《こ》には、いろいろな悪《わる》いことを要求《ようきゅう》してきます。
いやなことをされたりするので、はっきりことわり、はやくその場《ば》からはなれましょう。

電車《でんしゃ》やバスで となりの人《ひと》にさわられたら？

「やめてください」と大《おお》きな声《こえ》で、はっきりいいましょう。たくさんの人《ひと》の前《まえ》では、はずかしいと思《おも》うかもしれませんが、自分《じぶん》から勇気《ゆうき》をだして声《こえ》をあげることがたいせつです。どうしても声《こえ》がだせないときは、

大声《おおごえ》で泣《な》いたり、相手《あいて》の手《て》をおしのけたり、相手《あいて》の足《あし》をふんだり、けったりして

やめさせましょう。

知《し》らない人《ひと》が しつこくつきまとってきたら？

知《し》らない人《ひと》からカードやシール、
おかしなどをあげるといわれても、
「いりません」と、
はっきりことわりましょう。
たとえそれがほしい物《もの》でも、
ぜったいにもらってはダメ。

はっきりことわったのに、それでもしつこくついてくるようだったら、**防犯《ぼうはん》ブザーをならす**か、**「火事《かじ》だー」**＊61ページ参照と**大声《おおごえ》でさけび**ながら走《はし》って逃《に》げましょう。
人《ひと》が多《おお》いところまで逃《に》げていってもついてくるようだったら、近《ちか》くにいる大人《おとな》に**「たすけて！」**と、大《おお》きな声《こえ》で助《たす》けをもとめましょう。

逃《に》げようとしたのに手《て》首《くび》をつかまれたら？

もし、悪《わる》い人《ひと》につかまってしまったら、
大声《おおごえ》をあげましょう。
もっていたら、すぐに**防犯《ぼうはん》ブザーをならし**ます。
すぐに助《たす》けはこなくても、あきらめないで。悪《わる》い人《ひと》は人《ひと》の目《め》をとても気《き》にします。ですから、
泣《な》いたり、さけんだりしてさわぐことで、
相手《あいて》をあきらめさせましょう。
スキをみて、とにかく逃《に》げるようにします。
大声《おおごえ》に自信《じしん》のない子《こ》は、おうちの人《ひと》と窓《まど》をしめた車《くるま》のなかや家《いえ》のなかで、練習《れんしゅう》しておきましょう。

相手《あいて》に勝《か》とうと思《おも》ってはいけません。
とにかく逃《に》げることを考《かんが》えて、防犯《ぼうはん》ブザーをならしたり、

かみついたり、ひっかいたり、
力《ちから》のかぎりあばれましょう。

相手《あいて》がおどろいて力《ちから》がゆるんだときや、防犯《ぼうはん》ブザーに気《き》をとられたそのすきに、逃《に》げだしましょう。

こうやって逃《に》げる!!
いざというときの逃《に》げ方《かた》テクニック

あぶないと思《おも》ったら、**とにかく走《はし》って逃《に》げる。**
たいせつなことは、お店《みせ》がたくさんあるところや、人《ひと》が大勢《おおぜい》いるところにむかって走《はし》ることです。

もっていたら**防犯《ぼうはん》ブザーをならしてください。**

「たすけてー」
「火事《かじ》だー」
など、大声《おおごえ》をだしながら逃《に》げることもよいでしょう。

人《ひと》のいるところまで
逃《に》げてきたら、
へんな人《ひと》がいることを
大人《おとな》に知《し》らせます。

行きどまりの道にはにげこまない
人のいるほうへ
ビ～
たすけて
トイレ
にぎやかなほうの出口へ
車においかけられたら車の入れない道へ
＼たすけてー／
人のいるお店へ

防犯《ぼうはん》ブザーの身《み》につけ方《かた》・使《つか》い方《かた》

どんなとき
どんなふうに

防犯《ぼうはん》ブザーは、いつでもどこでもつかえるように、手《て》のとどくところにつけておくか、手《て》ににぎって歩《ある》きましょう。カバンのなかや、取《と》りだしにくいポケットのなかではダメです。そして、こわいと思《おも》ったときに、すぐにならせるようにしておきましょう。

防犯《ぼうはん》ブザーで相手《あいて》が逃《に》げてくれるとはかぎりません。防犯《ぼうはん》ブザーをならすのは、悪《わる》い人《ひと》から逃《に》げるために、

相手《あいて》にスキをつくらせるのが目的《もくてき》です。

ブザーをならしてほうりだし、相手《あいて》がひるんだら

すぐに逃《に》げます。

防犯《ぼうはん》ブザーをならしていいのかな、なんてなやんではいけません。

自分《じぶん》が「こわい」とか「あぶない」と
思《おも》ったときは、いつでもならしてかまいません。

●車《くるま》に引《ひ》きずりこまれそうなとき

●いやなことをされても大声《おおごえ》をだせないとき

●ともだちが知《し》らない人《ひと》につれていかれそうなとき

安全《あんぜん》のために携帯電話《けいたいでんわ》をつかう

携帯電話《けいたいでんわ》をもっている人《ひと》は、お父《とう》さんやお母《かあ》さんと、どのようにつかうと身《み》をまもるのにべんりか話《はな》しあいましょう。
たとえば、こわい人《ひと》やへんだなと思《おも》う人《ひと》がついてきたときに、すぐに家族《かぞく》に電話《でんわ》をして、話《はな》しながら歩《ある》くのは、安全《あんぜん》のためによい使《つか》い方《かた》です。

そのためにも短縮《たんしゅく》ボタンにおうちの電話番号《でんわばんごう》や、お父《とう》さん、お母《かあ》さんの携《けい》帯電話《たいでんわ》の番号《ばんごう》をいれておくと、いざというときに安心《あんしん》です。110番《ばん》をいれておくのもいいでしょう。

携帯電話《けいたいでんわ》は、めいわくメールがくることがあります。利用《りよう》のしかたについては、48～52ページを参《さん》考《こう》にしながら、家族《かぞく》で相談《そうだん》してください。

居場所《いばしょ》がわかる携帯電話《けいたいでんわ》 [GPS《ジーピーエス》機能付《きのうつき》携帯電話《けいたいでんわ》]

いろいろな会社《かいしゃ》からべんりな携帯電話《けいたいでんわ》がでています。
自分《じぶん》の居場所《いばしょ》を、お母《かあ》さんやお父《とう》さんの携帯電話《けいたいでんわ》やパソコンに知《し》らせることができるものが売《う》られています。かんたんに操作《そうさ》ができて、だれにでもつかえます。
道《みち》にまよったときや、帰《かえ》りがおそくなって家族《かぞく》が心配《しんぱい》しそうなときなどに便利《べんり》です。

塾《じゅく》やクラブ活動《かつどう》で帰《かえ》りが遅《おそ》くなったら？

帰《かえ》りがいつもより遅《おそ》くなってしまったら、ひとりで帰《かえ》ったりしないで、かならずおうちの人《ひと》にれんらくしてください。暗《くら》くなったときは、むかえにきてもらいましょう。
途中《とちゅう》までむかえにきてもらう場合《ばあい》は、おうちの人《ひと》と相談《そうだん》して安全《あんぜん》な道《みち》をえらび、おなじ方向《ほうこう》のおともだちといっしょに帰《かえ》りましょう。携帯電話《けいたいでんわ》でれんらくをとりあいながら帰《かえ》ると安心《あんしん》できます。

4

家《いえ》にひとりでいるとき

ひとりで留《る》守《す》番《ばん》しているときの注《ちゅう》意《い》

だれもいない家《いえ》に帰《かえ》るとき

あなたがカギをあけて入《はい》るのを見《み》た悪《わる》い人《ひと》は、いまはあなたしかいないと思《おも》うでしょう。

カギをあけるときは、**まわりにだれもいないことを確認《かくにん》して**からカギをとりだすこと！

家《いえ》にだれもいないときでも**「ただいま」**と大《おお》きな声《こえ》でいいましょう。

カギを見《み》えるところに身《み》につけておくと、悪《わる》い人《ひと》に「この子《こ》はひとりで留《る》守番《すばん》するんだ」とわかってしまいます。カギは見《み》えないところにしまっておいてください。

配《はい》達《たつ》の人《ひと》などがきたとき

ひとりでいるときは、なかからしっかりカギをかけ、知《し》らない人《ひと》を家《いえ》にいれてはいけません。

「宅《たく》配《はい》便《びん》です」とか**「郵《ゆう》便《びん》です」**といわれたら、チェーンごしにサインをして荷物《にもつ》をドアの外《そと》において帰《かえ》ってもらうか、またあとで来《き》てもらうようにしましょう。

ぜったいに、**カギをあけない**でください。
こわいときは、返事《へんじ》をしなくてもいいですよ。

ひとりで留守番《るすばん》しているときに電話《でんわ》がかかってきた

「手紙《てがみ》をおくりたいから」とか

「とどけるものがあるから」

と電話《でんわ》がかかってきても、

「お母《かあ》さんかられんらくしますので、れんらく先《さき》をおしえてください」

などといって、質問《しつもん》にはぜったい答《こた》えないように！

おしえた住所《じゅうしょ》を、悪《わる》い人《ひと》が利用《りよう》するおそれがあります。

相手《あいて》から「お母《かあ》さんやお父《とう》さんのこと知《し》ってるから」といわれたら？

電話《でんわ》の相手《あいて》が**「知《し》りあいだよ」**といっても、質問《しつもん》に答《こた》えてはいけません。悪《わる》い人《ひと》は、いろいろなことをいって、あなたと話《はなし》をしようとします。

「お父《とう》さんから返事《へんじ》をしますので、れんらく先《さき》をおしえてください」

などといって、質問《しつもん》にはぜったいに答《こた》えないように！
しつこい電話《でんわ》は切《き》ってかまいません。

いたずら電話《でんわ》がかかってきたら？

しつこい電話《でんわ》やエッチなことをいったりする電話《でんわ》は、
相手《あいて》にしないで、**電話《でんわ》を切《き》ってしまいましょう。**
ながく相手《あいて》にしていると、なんども電話《でんわ》をしてきたりします。

「だれもいないから、かけなおして」というのは、いい返事《へんじ》？

ひとりで留守番《るすばん》しているときの電話《でんわ》に、「いま、だれもいないから、かけなおしてください」と答《こた》えるのは、知《し》らない人《ひと》にあなたがひとりでいることを教《おし》えていることになります。
その人《ひと》がもし悪《わる》い人《ひと》だったらどうしますか？　あなたの家《いえ》にきて悪《わる》いことをするかもしれません。
知《し》らない人《ひと》から電話《でんわ》がかかってきたら、ひとりでいることを知《し》られないようにしましょう。

「お父《とう》さんは寝《ね》てるから」とか、
「お母《かあ》さんは、いまいそがしくて電話《でんわ》にでられない」などといって、
なるべく、だれかが家《いえ》にいるふりをしましょう。

返事《へんじ》がむずかしいと思《おも》ったら、電話《でんわ》を切《き》ってもかまいません。

知《し》らない人《ひと》が
とつぜん家《いえ》のなかにはいってきた！

カギをしめわすれたり、どこかのカギをこわして悪《わる》い人《ひと》が家《いえ》のなかにはいってきたら、とにかく早《はや》く外《そと》にでて、

大《おお》きな声《こえ》でたすけを呼《よ》びましょう。

このとき、いちばんいいのは

「火《か》事《じ》だー」と大《おお》きな声《こえ》でさけぶことです。

たくさんの人《ひと》たちが集《あつ》まってくるので、より効果的《こうかてき》です。

どうやって逃《に》げだすかは、家《いえ》のつくりによってかわります。ふだんから家族《かぞく》で話《はな》しあっておいてください。

逃《に》げられないときは、カギのかかる部屋《へや》にとじこもって、家族《かぞく》が帰《かえ》ってくるのをまつ方法《ほうほう》もあります。

だいじなことは、

カギをしめわすれないこと。

5

ネット犯罪《はんざい》から自分《じぶん》をまもる

「出会《であ》い系《けい》サイト」で ともだちをさがすのはやめましょう

最近《さいきん》はインターネットをつかった犯罪《はんざい》が多《おお》くなっています。とくに多《おお》いのが**「出会《であ》い系《けい》サイト」**での犯罪《はんざい》です。学校《がっこう》や家《いえ》のパソコン、そして自分《じぶん》の携帯電話《けいたいでんわ》でも気《き》がるにインターネットにアクセスすることができますが、インターネットは、どんな人《ひと》が見《み》ているかわからないので危険《きけん》です。

かるい気《き》もちでインターネットにかきこむと、おもわぬ犯罪《はんざい》にまきこまれることがあります。「出会《であ》い系《けい》サイト」でともだちをさがすのはやめましょう。

掲示板《けいじばん》にかきこまないこと！

インターネットにはいろいろな掲示板《けいじばん》があります。ともだちのホームページ以外《いがい》の、知《し》らない掲示板《けいじばん》には

かきこまないこと！

掲示板《けいじばん》に自分《じぶん》のことをかきこんだり、ネット上《じょう》に自分《じぶん》のメールアドレスをかきこんでしまうと、悪用《あくよう》されることがあります。
また、インターネットでほしいものが安《やす》く買《か》えるサイトや、懸賞《けんしょう》サイト（アンケートに答《こた》えるとプレゼントがもらえるサイト）などを利用《りよう》するのもやめましょう。信用《しんよう》できないサイトが多《おお》いので危険《きけん》です。
もし、掲示板《けいじばん》にかきこみたいときや、インターネットで買《か》い物《もの》をしたいときは、お父《とう》さんかお母《かあ》さんに相談《そうだん》しましょう。

クリックはよく考《かんが》えてから！

インターネットで、内容《ないよう》のよくわからないアドレスや入《い》り口《ぐち》はぜったいに**クリックしないこと！**

もしクリックするときは、説明《せつめい》をよく読《よ》んで、内容《ないよう》を理解《りかい》してからにしましょう。説明《せつめい》がよくわからないままにクリックしてはダメ。クリックしてからとりけすことはできません。

知《し》らないあいだに高《たか》い請求書《せいきゅうしょ》がくる場合《ばあい》があります。

インターネットを利用《りよう》するときの注意《ちゅうい》

1. 出会《であ》い系《けい》サイトにはアクセスしない。
2. アダルトサイトには出入《でい》りしない。
3. 両親《りょうしん》にむだんでサイトの懸賞《けんしょう》やアンケートには応募《おうぼ》しない。
4. 住所《じゅうしょ》や学校《がっこう》など、あなたのことがわかる情報《じょうほう》はネット上《じょう》で公開《こうかい》しない。
5. ネット上《じょう》でなかよくなっても、個人情報《こじんじょうほう》は交換《こうかん》しない。
6. 両親《りょうしん》にむだんで、メールともだちと会《あ》う約束《やくそく》をしない。

もし、インターネットで被害《ひがい》にあった場合《ばあい》は、両親《りょうしん》や先生《せんせい》に相談《そうだん》しましょう。

「インターネットホットライン連絡協議会《れんらくきょうぎかい》」

という、インターネットでのトラブルの相談《そうだん》にのってくれるところもあります。

インターネットホットライン連絡協議会《れんらくきょうぎかい》
http://www.iajapan.org/hotline/

トラブルの相談《そうだん》に
のってくれるよ！

携帯電話《けいたいでんわ》のとりあつかい方《かた》

携帯電話《けいたいでんわ》はおともだちの電話番号《でんわばんごう》やメールアドレスなど、たくさんの情報《じょうほう》をインプットができて便利《べんり》ですね。
でも、あなたが携帯電話《けいたいでんわ》を落《お》としてしまったり、なくしてしまったときに、それをひろった人《ひと》が悪《わる》い人《ひと》だったらどうしますか？
かってに通話《つうわ》をされてしまったり、インターネットに接続《せつぞく》されてしまったら大変《たいへん》！
電話番号《でんわばんごう》を記録《きろく》してあるおともだちにも、めいわくがかかってしまうかもしれません。
携帯電話《けいたいでんわ》をもち歩《ある》くときは、まちがって落《お》としても電話《でんわ》が使《つか》えないように、**ロックをかけておきましょう。**

また、落《お》としてしまったときに、自分《じぶん》の携帯電話《けいたいでんわ》に電話《でんわ》をして、電話《でんわ》にでた相手《あいて》に「ひろったので、とりにきて」といわれても、
自分《じぶん》でとりにいってはいけません。
かならず、お父《とう》さんかお母《かあ》さんにとりにいってもらうか、近《ちか》くの交番《こうばん》にとどけてもらいましょう。

6

相《そう》談《だん》しよう

ひとりでなやまないで

もし被害《ひがい》にあったら、かならずだれかに話《はな》すこと

こわい目《め》にあったり、あいそうになったりしたら、だまっていないで、かならず両親《りょうしん》や先生《せんせい》に話《はな》してください。だいじょうぶだと思《おも》っていても、自分《じぶん》でも気《き》がつかないうちに、なやみや不安《ふあん》がうまれていることがあります。

たとえ悪《わる》い人《ひと》に

「だれにもいうな」 と

おどかされても、かならずみんながあなたをまもってくれます。あなたが二度《にど》とこわい目《め》にあわないように、おともだちがおなじような目《め》にあわないように、勇気《ゆうき》をもってだれかに話《はな》しましょう。

ひとりでなやまないで

あなたがいちばん話《はな》しやすい人《ひと》はだれですか？
お母《かあ》さん、お父《とう》さん、おじいちゃん、おばあちゃん、学校《がっこう》の先生《せんせい》、近所《きんじょ》のおばさん、おじさん、それとも、おともだち？　あなたが信頼《しんらい》できる人《ひと》、話《はな》しやすい人《ひと》ならだれでもいいのです。そして、どうしたらいいのか、いっしょに考《かんが》えてもらいましょう。

不安《ふあん》を解決《かいけつ》したり、心《こころ》の傷《きず》をなおすことはたいせつなことです。もし、知《し》っている人《ひと》に話《はな》しづらかったら、手紙《てがみ》や電話《でんわ》でもいいのです。相談《そうだん》にのってくれるところで、話《はなし》をきいてもらいましょう。そんな相談先《そうだんさき》は次《つぎ》のページにのっています。参考《さんこう》にしてください。

相談《そうだん》しよう

全国《ぜんこく》の電話《でんわ》相談室一覧《そうだんしついちらん》

＊警察《けいさつ》で受《う》けつけている電話相談窓口《でんわそうだんまどぐち》

北海道《ほっかいどう》	☎0120－677－110
青森《あおもり》	☎0120－58－7867
秋田《あきた》	☎018－864－9110
岩手《いわて》	☎019－651－7867
宮城《みやぎ》	☎022－222－4970
山形《やまがた》	☎023－642－1777
福島《ふくしま》	☎024－536－4141
茨城《いばらき》	☎029－301－0900
栃木《とちぎ》	☎0120－87－4152
埼玉《さいたま》	☎048－861－1152
千葉《ちば》	☎0120－78－3497
群馬《ぐんま》	☎027－254－3741
東京《とうきょう》	☎03－3580－4970
山梨《やまなし》	☎055－254－8617
神奈川《かながわ》	☎045－681－5461
新潟《にいがた》	☎025－248－4970
富山《とやま》	☎0120－873－415
長野《ながの》	☎026－232－4970
静岡《しずおか》	☎0120－78－3410
石川《いしかわ》	☎0120－497－556
岐阜《ぎふ》	☎0120－783－800
愛知《あいち》	☎052－951－7867
福井《ふくい》	☎0120－783－214
滋賀《しが》	☎077－521－5735
奈良《なら》	☎0742－22－0110
三重《みえ》	☎0120－41－7867
京都《きょうと》	☎075－841－7500
大阪《おおさか》	☎06－6772－7076
和歌山《わかやま》	☎073－425－7867
兵庫《ひょうご》	☎0120－786－109
鳥取《とっとり》	☎0857－29－0808
岡山《おかやま》	☎086－231－3741
島根《しまね》	☎0120－78－6719
広島《ひろしま》	☎082－228－3993
山口《やまぐち》	☎0827－23－5150
香川《かがわ》	☎087－837－4970
徳島《とくしま》	☎088－625－8900
愛媛《えひめ》	☎0120－31－9110
高知《こうち》	☎088－822－0809
大分《おおいた》	☎097－532－3741
宮崎《みやざき》	☎0985－23－7867
福岡《ふくおか》	☎092－632－3751
佐賀《さが》	☎0120－29－7867
熊本《くまもと》	☎0120－02－4976
鹿児島《かごしま》	☎099－252－7867
長崎《ながさき》	☎0120－78－6714
沖縄《おきなわ》	☎0120－276－556

＊法務省《ほうむしょう》の子《こ》どもの人権《じんけん》110番《ばん》や子《こ》どもいじめホットライン

札幌《さっぽろ》	☎011－728－0780
函館《はこだて》	☎0138－26－5686
旭川《あさひかわ》	☎0166－53－7838
青森《あおもり》	☎017－774－1020
仙台《せんだい》	☎022－224－1200
石巻《いしのまき》	☎0225－94－1200
塩釜《しおがま》	☎022－366－1200
古川《ふるかわ》	☎0229－22－1200
福島《ふくしま》	☎024－536－1155
横浜《よこはま》	☎045－212－4365
千葉《ちば》	☎043－247－9666
さいたま	☎048－863－6194
前橋《まえばし》	☎027－243－0760
長野《ながの》	☎026－232－8110
新潟《にいがた》	☎025－229－0110
甲府《こうふ》	☎055－252－0110
富山《とやま》	☎076－441－1161
福井《ふくい》	☎0776－26－9777

岐阜《ぎふ》	☎058−240−5510
名古屋《なごや》	☎052−952−8110
津《つ》	☎059−224−3535
大津《おおつ》	☎077−522−0110
京都《きょうと》	☎075−231−2000
神戸《こうべ》	☎078−393−0118
大阪《おおさか》	☎0120−793−148
奈良《なら》	☎0742−23−5734
和歌山《わかやま》	☎073−425−2704
鳥取《とっとり》	☎0857−27−3751
松江《まつえ》	☎0852−26−7867
広島《ひろしま》	☎082−228−4710
岡山《おかやま》	☎086−224−5657
山口《やまぐち》	☎083−920−1234
徳島《とくしま》	☎088−622−8110
高松《たかまつ》	☎087−821−6196
福岡《ふくおか》	☎092−715−6112
佐賀《さが》	☎0952−28−7110
熊本《くまもと》	☎096−364−0415
宮崎《みやざき》	☎0985−20−8747
鹿児島《かごしま》	☎099−259−7830
那覇《なは》	☎098−853−4460

＊それ以外《いがい》の各地《かくち》の電話相談窓口《でんわそうだんまどぐち》

東京都児童会館《とうきょうとじどうかいかん》こども相談室《そうだんしつ》	☎03−3409−6361
社会福祉法人子《しゃかいふくしほうじんこ》どもの虐待防止《ぎゃくたいぼうし》センター	☎03−5300−2990
子《こ》どもヘルプライン	☎03−5727−5445
東京弁護士会子《とうきょうべんごしかいこ》どもの人権《じんけん》110番《ばん》	☎03−3503−0110
子《こ》ども電話相談《でんわそうだん》いじめ110番《ばん》	☎042−576−2050
こどものみかた電話相談《でんわそうだん》	☎03−3416−6991
子《こ》ども家庭電話相談室《かていでんわそうだんしつ》	☎0120−76−1152
心《こころ》の電話相談《でんわそうだん》	☎0566−76−9674
とよたユーステレホン	☎0565−31−7867
ヤングテレホン鯖丹支所《せいたんししょ》	☎0778−52−6114
ヤングテレホン南越支所《なんえつししょ》	☎0778−23−6699
宇治青少年《うじせいしょうねん》こころの電話相談《でんわそうだん》	☎0774−24−0800
チャイルドラインOOSAKA	☎06−6634−7070
神戸少年《こうべしょうねん》の町子《まちこ》ども家庭支援《かていしえん》センター	☎078−751−0123
八日市市立《ようかいちしりつ》こどもセンター（ひばり）	☎0748−22−0120
福岡県教育庁福岡教育事務所子《ふくおかけんきょういくちょうふくおかきょういくじむしょこ》どもホットライン24	☎092−641−9999

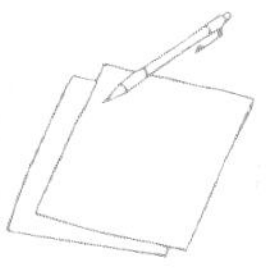

手紙《てがみ》で相談《そうだん》にのってくれるところもあります。
電話《でんわ》が苦手《にがて》という人《ひと》は、手紙《てがみ》をだしてみてください。

ティーンズポスト

〒186−8691　国立郵便局　私書箱11号

身《み》近《ちか》な人《ひと》から身《み》をまもる

さいごに、家《いえ》や学校《がっこう》のなかが安全《あんぜん》でない場合《ばあい》もあるので、そのことにふれておきます。

身《み》近《ちか》な人《ひと》、たとえば

「お父《とう》さんやお母《かあ》さんがひどいことをする」

「学校《がっこう》の先生《せんせい》がいやなことをする」

こんな思《おも》いをしてなやんでいる人《ひと》はいませんか？

悪《わる》いことをしたり、やくそくをまもらなかったりすれば、どこのうちのお父《とう》さんやお母《かあ》さんも、学校《がっこう》や塾《じゅく》の先生《せんせい》もおこります。

ここで聞《き》いているのはそんなことではありません。

たとえば**「あとが残《のこ》るほどたたかれる」**

「体《からだ》をキズつけられたりする」

「いやがっているのに、体《からだ》、とくに胸《むね》や下半身《かはんしん》をさわられる」などです。

こうした行為《こうい》は、人《ひと》としてぜったいに許《ゆる》されないことなのです。

もし、そんなことをする人《ひと》が、あなたの近《ちか》くにいたら、あなたは家《いえ》や学校《がっこう》にいても安全《あんぜん》とはいえません。

お父《とう》さんやお母《かあ》さん、先生《せんせい》のことだからといってがまんしないで、知《し》らない人《ひと》からいやな目《め》にあわされたときとおなじように、

信頼《しんらい》できる人《ひと》に相談《そうだん》しましょう。

家族《かぞく》のことでも、けっしてはずかしいことではありません。勇気《ゆうき》をもって話《はな》してください。自分《じぶん》の体《からだ》は自分《じぶん》でまもるのです。

7

保《ほ》護《ご》者《しゃ》のみなさまへ

保護者のみなさまへ

子どもをまもるポイント

ひとりでは遊ばせないこと

子どもが犯罪に巻きこまれるとき、いちばん多いケースが、周囲に大人の目がなく、ひとりで遊んでいる場合です。遊びに出るときには、ひとりにならないように、ふだんから約束しておきましょう。
登下校は友だちといっしょにさせましょう。万が一、身の危険を感じたら、「こども110番の家」や近くの店に逃げこむよう教えましょう。

外出するときは、必ず行き先を聞く

「だれと、どこで、何をするか」「何時に帰ってくるか」をいってから出かける習慣を身につけさせましょう。時間を意識させたり、危険な場所に行くことを未然に防いだりすることができます。そして帰宅時間を守らせることが大切です。
知らない人には絶対についていかないことを約束させます。「こまっている、助けてほしい」「いっしょにゲームをしよう」などと、言葉たくみに声をかけられると、子どもは思わずついて行ってしまうことがあります。お子さんのやさしい心は大切に伸ばすようにしながら、かしこく身を守れるようにいろいろなケースを話し合ってください。

毎日、なにがあったかを話し合いましょう

危険な目にあっても、しかられることをこわがって黙っている子どももいます。家に帰ってきたら、その日にあったことを話し合うようにしてください。日ごろから子どもとのコミュニケーションをもつことが、子どもの悩みごとを発見するための第一歩になります。
こわくて眠れない、家から出たくない、同じ道を通れない、大人と話ができない、ご飯が食べられない、などの症状がお子さんにみられたら要注意です。やさしく話しかけて、様子をさぐってください。

学校が長期の休みに入った場合

夏休みや冬休みなど、学校が長期の休みに入ったとき、とくに日が長くなる夏休みには、夜遅くまで街に若者がタムロしている場合があります。子どもたちを、暗くなるまで出歩かせないようにしましょう。また、ゲームセンターなど

に興味本位で入って、お金をとられるケースがあります。遊技場の出入りはさせないようにしましょう。

ひとりで留守番をさせるときのために

1、　長時間子どもをひとりにする場合は、近所にひと声かけましょう。
2、　カギを、子どものカバンや首にぶら下げたりするのは、親の不在を教えるようなもので危険です。見えない場所につけさせてください。
3、　ふだんから家族みんなが施錠の習慣を身につけましょう。子どもには、だれかが訪ねてきても、すぐにカギを開けないよう教えましょう。
4、　留守番のときの訪問者に対しては、のぞき穴やドアチェーンを利用し、すぐに出ないようにさせてください。また、留守にしている間は、ときどき家に連絡を入れるなどして、安全確認をするようにしましょう。
5、　保護者の不在を電話などで確認し、強盗に入るケースがあります。どう対応するかは話し合って決めておいてください。

日常生活においての注意

1、　おつかいなど、近所をいっしょに歩く機会に「ここでこんな場合はどうする」と、どのように具体的な行動をとるかを話し合ってみてください。
2、　防犯ブザーについては、正しく持っているか、きちんと鳴るかなど、ときどき点検しましょう。また、襲われたときには、「走って逃げる」「大声を出す」などで対処するように教え、練習をしておくことが大切です。
3、　すべてのケースについて、これが最良という対処法が決まっているわけではありません。子どもひとりひとりの性格や年齢、そのときの環境などによって対処法はちがってくるはずです。親子で話し合ってあなたのお子さんに適した方法を見つけていきましょう。

「火事だー」とさけぶこと、防犯ブザーを鳴らすこと

「火事だ」とさけぶことは、大人たちに「被害が自分におよぶかもしれない」と連想させ、助けに来てくれることを期待してのことです。防犯ブザーは子ども自身が危険だと感じたら鳴らしていいと教えてください。どちらも結果的にそのとおりではないと非難される場合があります。でも、そうしたことは、周りの大人たちのフォローによってとりかえしのつくことです。まずは子どもの安全確保を最優先に考えて、子どもたちが迷うことのないようにしてください。

子どもの犯罪被害データ

子どもたちが被害にあう件数は年間32万件といわれています。そのうち、殺人、暴行傷害、誘拐などの凶悪犯罪に巻きこまれる未成年者も、下のグラフのようにかなりの数になっています。

殺人　(2002年)

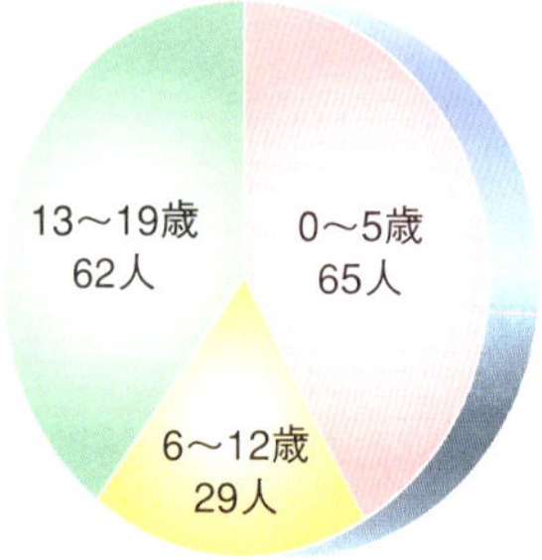

暴行傷害　(2002年)

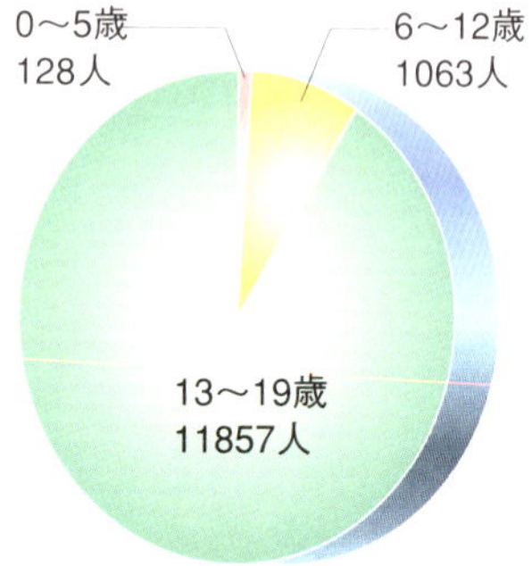

略取誘拐　(2002年)

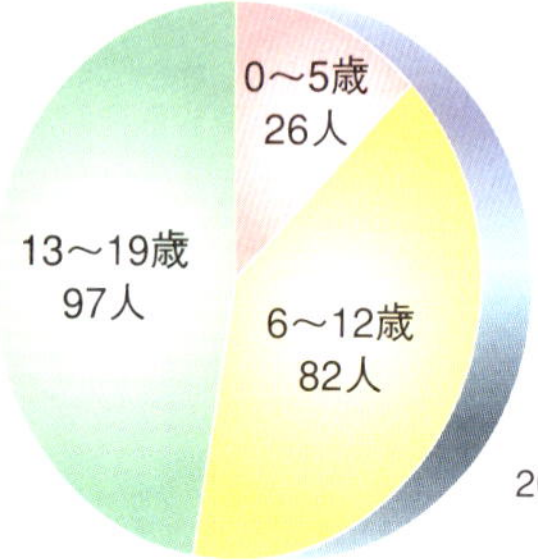

時間別略取誘拐件数

下校時刻に集中しています。

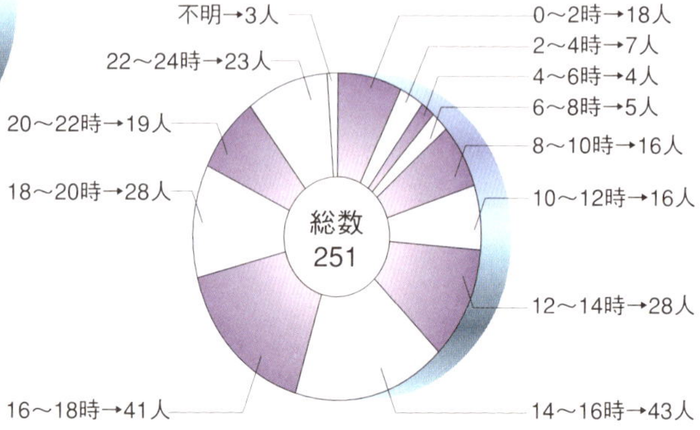

「平成14年犯罪統計書」より

出会い系サイトでの被害も急増しています。2002年の出会い系サイトに係わる事件の検挙数は1731件で、18歳未満の被害者数は1273人です。これは2年前の約18倍です。また、強盗・強姦などの重要犯罪による被害児童数は、42人と6倍になっています。

■「出会い系サイト」に係わる事件の状況

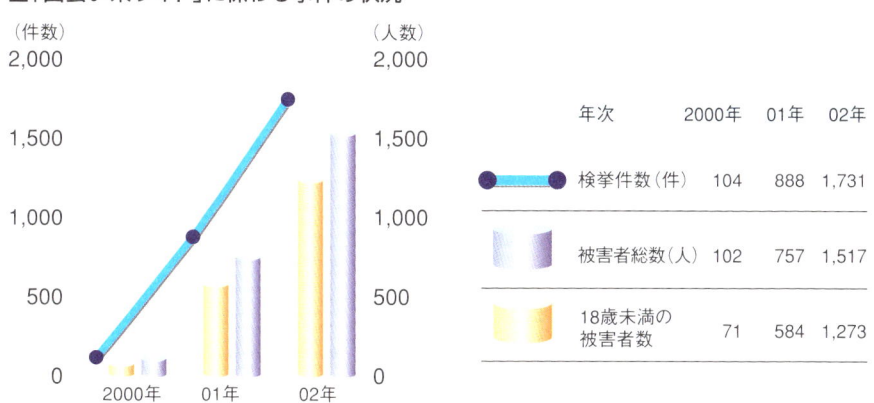

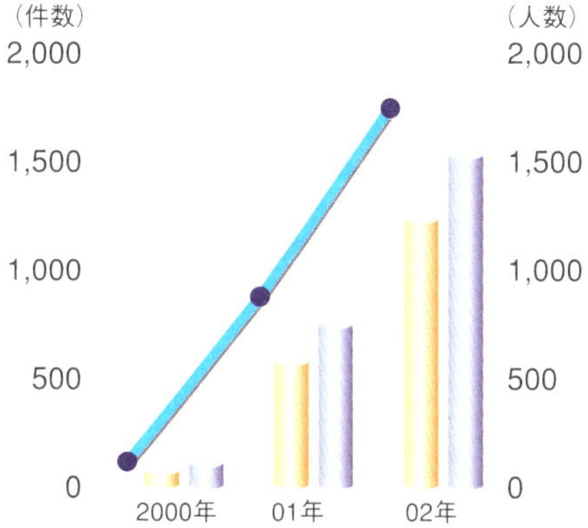

年次	2000年	01年	02年
検挙件数（件）	104	888	1,731
被害者総数（人）	102	757	1,517
18歳未満の被害者数	71	584	1,273

■「出会い系サイト」に係わる犯罪被害状況（2000〜2002年）

被害児童数（人）			00年	01年	02年
		合計	71	584	1,273
区分	重要犯罪	殺人	0	0	1
		強盗	1	0	2
		強姦	5	22	29
		略取誘拐	0	1	3
		強制わいせつ	1	7	7
	児童売春・ポルノ法	暴行・傷害	0	2	5
		脅迫・恐喝	1	11	27
		窃盗	0	3	10
		児童売春	40	341	726
		児童ポルノ	1	7	14
		青少年保護育成条例	19	155	377
		その他	3	35	72

「平成15年警察白書」より

お願い

残念ながら、この本は「知らない人は信用しない」という立場にたって、子どもたちに自分の身をまもることをすすめています。しかし「他人を信用しないこと」「困っている人に知らん顔をすること」を一律に奨励するのはとてもつらいことですし、子どもの人間形成にとっても大きなマイナスをともないます。子どもたちの心のありようはひとりひとりちがっています。どうぞ、この本に書かれていることのひとつひとつについて親子でよく話し合ってみてください。そして、お子様の他人を信じる心、人を思いやる心を大切にしながら、危険を感じとる目と、自分の身をまもる方法をいっしょに見つけていただきたいと思います。

監修者：安藤由紀（あんどう　ゆき）

1985年より国内外で子どもへの虐待の実態と治療について研修を積む。子育て中の母親サポート、性被害者支援など子どもと女性の人権擁護の活動に従事し、1994年グループCAPを設立。2001年にはPEACE暴力防止トレーニングセンターを立ち上げる。テナー・ネットワーク主宰。著書に『だれか　た・す・け・て』（世界文化社）「だいじょうぶの絵本」（全3巻／岩崎書店）『子ども虐待・教師のための手引き』（共著／時事通信社）、訳書に『とにかくさけんでにげるんだ』（岩崎書店）などがある。画家。

イラスト　かりやぞの のり子
デザイン　嶌田昭成
編集協力　遠藤有紀（海象社）

Say“No!”　“やめて！”といおう　―悪い人から自分をまもる本

2004年4月20日 第1刷発行　　2004年4月30日 第2刷発行
監　修　安藤由紀
編　集　岩崎書店編集部
発行者　岩崎弘明
発行所　株式会社岩崎書店　東京都文京区水道1-9-2 〒112-0005
電話　(03) 3812-9131［営業］(03) 3813-5526［編集］
振替　00170-5-96822
http://www.iwasakishoten.co.jp
印刷／製本　広研印刷株式会社
 ISBN4-265-80141-2
ご意見ご感想をお寄せください。E-mail hiroba@iwasakishoten.co.jp

この本は三洋堂書店（名古屋市）の協力によって生まれました。